AF336330

SOCIÉTÉ DES ARCHIVES HISTORIQUES
DE LA SAINTONGE ET DE L'AUNIS

D. D'AUSSY

CAMPAGNES
DU GUESCLIN

DANS LE POITOU, L'AUNIS ET LA SAINTONGE

(1372-1375)

LA ROCHELLE
IMPRIMERIE NOEL TEXIER

1900

PUBLICATION DE LA SOCIÉTÉ DES ARCHIVES HISTORIQUES
DE LA SAINTONGE ET DE L'AUNIS

D. D'AUSSY

CAMPAGNES

DE DU GUESCLIN

DANS LE POITOU, L'AUNIS ET LA SAINTONGE

(1372-1375)

LA ROCHELLE

IMPRIMERIE NOEL TEXIER

1890

CAMPAGNES DE DU GUESCLIN

DANS LE POITOU, L'AUNIS ET LA SAINTONGE

(1372 - 1375)

———

Les populations du Poitou, de l'Aunis et de la Saintonge avaient accepté en frémissant les dures conditions du traité de Brétigny qui les replaçait sous la domination de l'Angleterre. Depuis plus de cent ans, les institutions municipales, introduites dans les villes les plus importantes de ces provinces, par les princes Anglo-Normands, y avaient développé une liberté relative, au sein de laquelle germa et grandit, avec la haine de l'étranger, le sentiment de l'indépendance nationale. Les premiers Plantagenêt étaient français ; la mémoire vénérée d'Eléonore d'Aquitaine les entourait toujours de son prestige ; mais lorsque les mœurs et les habitudes normandes furent définitivement dominées par l'esprit saxon, alors se manifesta une antipathie de race qui s'accusa chaque jour davantage. En vain le prince Noir, entouré d'une cour brillante, cherchait à attirer auprès de lui les principaux gentilshommes de l'Aquitaine ; l'arrogance de ses officiers, leurs vexations, le souvenir encore présent des guerres précédentes et des dévastations de Derby, entretenaient l'antagonisme entre les vainqueurs et les vaincus, et un mécontentement toujours croissant dont le roi de France suivait attentivement toutes les phases. Au mois d'octobre 1368, il recevait l'appel du comte d'Armagnac et des autres seigneurs de Gascogne au sujet des impositions extraordinaires auxquelles le prince de Galles prétendait les soumettre. Au mois de janvier suivant, le lieutenant d'Edouard III était mandé devant la cour des pairs pour y répondre à la plainte portée contre lui par ses vassaux. On connaît la hautaine réponse du prince Noir ; « Je me rendrai à l'ajournement qui m'est adressé, puisque tel est l'ordre du roi de France ; mais ce sera le bassinet en tête, et suivi de soixante mille hommes ». Son état de santé démentait cependant une aussi ferme assurance ; il ne lui permettait pas d'affronter les fatigues d'une longue campagne ; le siège de Limoges, à l'occasion duquel il fit preuve d'une implacable cruauté, épuisa ses dernières forces. Au mois de janvier 1371, presque mourant, il s'embarquait à Bordeaux pour l'Angleterre, abandonnant sa lieutenance à son frère, le comte de Lancaster.

L'occasion pour la France de reconquérir ses provinces perdues ne s'était jamais présentée plus favorable. La guerre impolitique soutenue par le roi d'Angleterre en Espagne, pour replacer sur le trône Pierre-le-Cruel, avait épuisé son trésor, désorganisé son armée, et, comme résultat final, donnait à Charles V, dans la personne du nouveau roi de Castille, Enrique de Transtamare, un allié des plus redoutables. En apprenant l'union que venait de contracter le comte de Lancaster avec sa nièce, Constance, fille de Pierre-le-Cruel, et celle projetée entre Isabelle, sœur de cette dernière, et Edmond, comte de Cambridge, troisième fils d'Edouard III, don Enrique proposa au roi de France une alliance offensive et défensive contre l'Angleterre. Elle fut conclue par l'entremise de Du Guesclin, dans les derniers jours de l'année 1371, et, au mois de juin 1372, la flotte espagnole parut en vue de La Rochelle ; elle y attendait l'escadre commandée par le comte de Pembroke, gendre du roi d'Angleterre, qui venait prendre le gouvernement de l'Aquitaine, et y donner le signal de la reprise des hostilités. La veille de la nativité de saint Jean-Baptiste, le 23 juin 1372, les deux armées navales se trouvèrent en présence ; Pembroke avait sous ses ordres Othe de Granson et le poitevin Guichard d'Angles ; il commandait, d'après Froissart, à quarante navires ; suivant le chroniqueur D. Pedro Lopez de Ayala, les Espagnols n'auraient eu que douze gros vaisseaux et treize « barges » en plus ; leur flotte avait pour amiral un marin expérimenté, d'origine génoise, Ambrosio Boccanegra, secondé par Pedro-Fernandez Cabeça de Vaca, maître de l'ordre de Saint-Jacques, Ruy Diaz de Rojas, que Froissart dénomme Rodigo le Roux, et D. Ferrand de Pion, dont l'identité n'a pas été bien établie. Les Espagnols rachetaient leur infériorité numérique par un armement supérieur et par des navires bien pourvus « de bretesches ensi que nef d'Espagne sont ». Ces « bretesches » consistaient en une surélévation, en forme de tour, du gaillard d'arrière, qui permettait de faire pleuvoir des projectiles sur les nefs ennemies dépourvues de tout appareil défensif. Le combat fut rude et dura tout le jour. Du haut de leurs remparts, les Rochelais assistaient à cette lutte, insen-

---

(1) *Grandes chroniques de France*, vi, 335. — Froissart, édition de Siméon Luce, t. **viii**, p. **xxv**. Note.

sibles aux instances du sénéchal anglais, Jehan de Harpedanne
qui les conjurait d'y prendre part. Mais, comme l'avaient dit
leurs envoyés au roi Jean, lorsqu'ils étaient venus protester
contre le traité de Brétigny, ils étaient « Anglais de bouche et
Français de cœur ». A la nuit, Harpedanne s'embarqua avec
Guérard de Maulmont, seigneur de Tonnay-Boutonne, Jacques
de Surgères et le seigneur de Lignières, et put, à la faveur de
l'obscurité, aborder les navires anglais. Le lendemain ma-
tin, le combat recommença avec une fureur nouvelle. Les Espagnols lancèrent sur les navires anglais des grapins munis de
chaines qui facilitèrent l'abordage ; après une défense déses-
pérée, ils furent tous pris et coulés. Soixante-dix chevaliers,
dit Lopez d'Ayala (1), furent faits prisonniers et emmenés en
Galice, et parmi eux Pembroke, Harpedanne, Florimond, seigneur de Lespare, Guérard de Maulmont, Guichard d'Angles,
etc.. Seul, Jacques de Surgères, moyennant le payement d'une
rançon de trois cents francs, obtint sa mise en liberté. Le soir
de ce même jour, six cents hommes d'armes anglais, sous la
conduite du captal de Buch, Jean de Grailly, Jean Devereux,
Gauthier Howet, Thomas de Percy et du soudan de La Trau,
seigneur de Didonne, arrivèrent à La Rochelle ; ils purent voir
disparaître au large les Espagnols triomphants, emmenant leurs
prisonniers.

A la nouvelle de la victoire navale de La Rochelle, le roi de
France jugea le moment opportun pour entrer en campagne et
chasser les Anglais du Poitou, de l'Aunis et de la Saintonge. Le
concours de la flotte espagnole lui était plus que jamais nécessaire, et son premier soin fut de se l'assurer. Owen, petit-fils
de Lewellyn, dernier prince indépendant du pays de Galles,
s'était réfugié en France, et avait offert ses services à Charles V;
il fut envoyé en Espagne réclamer de nouveaux secours ; sa
demande fut favorablement accueillie, et sur l'ordre du roi de
Castille, Diaz de Rojas revint avec quarante gros navires,
huit galères et treize barges, bloquer l'entrée du port de La
Rochelle.

Le connétable de France, Bertrand Du Guesclin, commandait alors sur les confins de l'Anjou et du Berry un corps d'armée de trois mille lances ; avec lui se trouvaient le duc de
Bourbon, le comte d'Alençon, le Dauphin d'Auvergne, Louis de
Sancerre, Olivier de Clisson, le vicomte de Rohan et un grand
nombre d'autres seigneurs ; le duc de Berry, frère du roi, avait
le commandement nominal. Du Guesclin entra en Poitou, aussitôt qu'il eut appris la victoire navale de La Rochelle, dans les
derniers jours de juin. Il s'empara successivement de Montmo-
rillon et de Lussac. Sans s'arrêter devant Poitiers, où le parti

---

(1) *Cronica del rey don Enrique segundo* (Madrid, 1877, 11, 12). — **Froissart,**
édition de S. Luce, tome VIII, 1ʳᵉ partie, page xxv.

français travaillait activement en sa faveur, il va mettre le siège devant Montcontour dont l'importante garnison anglaise était commandée par Jean Cressewell et David Holegrave. La ville capitula dans les premiers jours de juillet, après six jours de siège. Du Guesclin opéra alors sa jonction avec le duc de Berry, et leurs troupes réunies enlevèrent la place de Sainte-Sévère, le 30 juillet 1372. Jean Devereux, sénéchal de La Rochelle, assisté du captal de Buch, et les contingents gascons et poitevins s'avançaient pour secourir cette place, propriété particulière de Devereux ; ils apprirent à Charroux que les Français en étaient déjà maîtres, et n'osant pas s'avancer, dans la crainte de rencontrer l'armée du connétable, forte alors de quatre mille hommes, ils se contentèrent de saccager et d'incendier l'abbaye de La Réau (1), et jurèrent de tenir campagne jusqu'à ce qu'ils eussent pris leur revanche.

Du Guesclin était encore en Limousin lorsqu'il fut averti que les partisans de la cause française à Poitiers, au nombre desquels se trouvait, malgré l'assertion contraire de Froissart, le maire Jean Renaud (2), étaient prêts à lui ouvrir une des portes de la ville. Il se met aussitôt à la tête d'un corps d'élite de trois cents lances, franchit en dix-huit heures la distance qui le séparait de la capitale du Poitou, tandis que le gros de l'armée, sous le commandement du duc de Berry, marchait dans la même direction mais un peu plus au sud de Poitiers, afin de s'opposer à toute tentative des Anglais pour se jeter dans la ville.

Le 7 août, le duc de Berry entrait à Poitiers où l'avait déjà précédé Du Guesclin ; il avait, à son passage, reçu la soumission de Chauvigny, dont le château appartenait à l'évêque de Poitiers. Jean d'Angles, dépêché en toute hâte avec une compagnie de cent lances pour répondre à l'appel des partisans de l'Angleterre, s'arrêtait à une lieue de Poitiers, apprenant que cette ville était déjà en la possession du connétable. Les chefs anglais se décidèrent alors à regagner leurs garnisons respectives ; les barons poitevins s'enferment à Thouars, les Gascons avec le captal de Buch à Saint-Jean d'Angély, les Anglais à Niort ; les bourgeois de cette ville, trop confiants dans la force de leurs murailles, refusèrent d'ouvrir leurs portes, subirent courageusement un assaut, et payèrent par le pillage et de sanglantes exécutions leur héroïque attachement à la cause nationale.

Les habitants de La Rochelle, comme ceux de Poitiers et de Niort, et des principales villes de la Saintonge, aspiraient à

---

(1) Archives nationales. JJ. 104, n° 247, folio 105, verso.

(2) *Archives du Poitou*, t. XIX, p. 233 et suivantes. Lettres d'anoblissement accordées par Charles V à Jean Renaud, et aux échevins de la ville de Poitiers. Au nombre de ces échevins se trouve Guillaume Gargoulleau, dont la famille s'établit à La Rochelle et fournit un maire à cette ville en 1577.

être délivrés du joug de l'Angleterre ; leur haine s'exaltait à la vue des excès par lesquels les Anglais vengeaient leurs défaites. Le plan du connétable consistait à s'emparer successivement des petites forteresses qui entouraient les principaux centres de population, afin de laisser grandir cet élan patriotique qui lui avait livré Poitiers et qui venait, à Niort, de se manifester avec une ardeur malheureusement infructueuse. Comme nous l'avons déjà dit, la flotte espagnole bloquait le port de La Rochelle, mais l'entrée de la Charente était encore libre et il était nécessaire de l'interdire aux secours qui auraient pu parvenir, par la voie du fleuve, jusque dans l'intérieur du pays. Du Guesclin chargea Regnaud, sire de Pons, d'aller, avec une compagnie de trois cents lances, s'emparer du château de Soubize ; et, en même temps, Owen de Galles s'embosse, avec treize barges, montées par quatre cents armures de fer, à l'embouchure de la Charente (1). Mais avant de mettre le siège devant Soubize, Regnaud de Pons délivra la duchesse douairière de Bourbon, Isabelle de Valois, qui était tombée entre les mains de deux chevaliers anglais, Nicolas Dagworth et Simon Burleigh, et que ce dernier, seigneur du chef de sa femme, Marguerite de Bauçay, des châtellenies de Broue, Chessoul et Montaiglin, avait enfermée dans la vieille forteresse de Broue. Au traité intervenu pour régler sa rançon, le 29 juillet 1372, avait été prévu le cas où « de la part des Français ou autrement ladite dame seroit délivrée ». Mais, contrairement à ce que dit l'auteur de la *Chronique des quatre premiers Valois*, Du Guesclin, non plus que le duc de Bourbon et le duc d'Anjou, ne durent intervenir personnellement dans cette expédition qui eut lieu du 15 au 22 août 1372. Du moins ils ne figurent pas au nombre des seigneurs qui se trouvèrent le 23 août devant Soubize (2).

Le château de Soubize s'élevait sur un rocher escarpé au bas duquel coule la Charente. Il était seulement accessible du côté du midi, c'est ce qui explique pourquoi Regnaud de Pons, comme le dit Froissard, ne l'assiégea « qu'à l'un des lés et ne mie partout. » Mais tout au moins aurait-il pu placer quelques-uns des siens en observation pour se préserver d'une surprise. La dame « vève » qui se trouvait alors à Soubize, était la douairière de Taillebourg, Jeanne d'Amboise, veuve de Guy Larchevêque, fils

---

(1) « A l'opposite du chastiel de Subize », dit Froissart. On pourrait croire qu'Owen de Galles stationnait sur le fleuve en face de Soubize, ce qui serait en contradiction avec la phrase suivante : « Sans que li sire de Pons ne la dame de Subize en seuissent riens ». Soubize est à six kilomètres de l'embouchure de la Charente, c'est à tort que le chroniqueur place ce château à « l'embouchure de la mer ». Froissart, édition de S. Luce, t. VIII, p. 65.

(2) D'après Cabaret d'Orville (*Chronique du bon duc Loys de Bourbon*, édition Chazaud, 1876), Bertrand Du Guesclin en personne aurait donné l'assaut à la tour de Broue. Il faudrait donc admettre qu'il aurait laissé Regnaud de Pons devant Soubize et qu'il serait revenu à La Rochelle.

puîné de Guillaume VI, sire de Parthenay, marié en premières noces à Marguerite de Thouars. Son fils servait sous le captal de Buch. Elle eut le temps de faire savoir à ce dernier le danger qui la menaçait et de lui demander assistance. Le captal était encore à Saint-Jean d'Angély; l'importance attachée à la conservation du château de Soubize l'émut au moins tout autant que le sentiment de chevaleresque galanterie dont parle Froissart. Des quatre cents lances qu'il avait sous ses ordres, une partie était distribuée dans les petites places fortes environnantes. Il laisse une garnison à Saint-Jean d'Angély, et part à la tête de deux cents lances. A quelque distance de Soubize, il s'arrête dans un petit bois et fait ses derniers préparatifs de combat ; puis, à la nuit tombante, il fond à l'improviste sur les cantonnements français ; « et commence à ruer par terre tentes... à abattre genz, occire et décoper et à prendre.. » (1) Le succès du captal était complet; mais il ne fut pas de longue durée. Owen de Galles, on ne sait trop comment, avait eu avis de la marche du capitaine anglais, trop tard cependant pour arriver avant la fin du combat. Au milieu de la nuit, nuit fort obscure, car on était au déclin de la lune, alors que les Anglais se croyaient dans la sécurité la plus complète, les compagnons d'Owen de Galles, « portant grant foison de fallos et de tortis tous allumés », se précipitèrent sur leurs adversaires en poussant leur cri de guerre : ils en font un affreux carnage, délivrent les prisonniers et voient tomber entre leurs mains ce fameux captal de Buch, réputé l'un des meilleurs capitaines de l'armée anglaise. Thomas de Percy, arrière petit-fils du roi Henri III d'Angleterre, Henri Hay, sénéchal d'Angoumois, Maurice Wis, homme d'armes de la garnison de Lusignan. Guillaume Faringdon, capitaine de Saintes, et Jean Cressewel, capitaine de Niort, grâce à une planche que les assiégés jetèrent au-dessus du fossé, purent se réfugier dans le château. Ce fait d'armes se passa dans la nuit du 22 au 23 août 1372. Le lendemain, de l'avis des capitaines anglais, la dame de Soubize ouvrait les portes de son château et faisait sa soumission au roi de France. Les chevaliers auxquels elle avait donné refuge obtinrent des sauf-conduits. Un des compagnons d'Owen de Galles dans son expédition, Morelet de Monmor, n'eut qu'à se montrer dans les îles de Ré et d'Aix pour les amener à l'obéissance du roi de France. Le 26 août, il signait un traité dans lequel les habitants, en réclamant le maintien de leurs franchises, demandaient que le roi de France leur servît de garant envers leurs seigneurs, le sire de Craon et l'abbé de Saint-Michel en l'Herm.

Pendant que Du Guesclin s'acheminait vers l'Aunis, le duc de Berry, demeuré à Poitiers, essayait d'entrer en pourparlers avec les barons poitevins. Le 10 août, il envoya à Thouars son écu-

---

(1) Froissart, édition de Siméon Luce, t. VIII, p. 68.

yer Jean Adeuil, porteur de propositions de paix; mais bien qu'ébranlés par la perte de leur capitale, le sire de Parthenay, le vicomte de Châtellerault et les autres seigneurs poitevins, ne jugèrent pas le triomphe des Français assez assuré pour abandonner la bannière d'Angleterre.

Le duc de Berry attendit jusqu'à la fin d'août les forces bourguignonnes que lui amenait son frère Philippe le Hardi. Le 30, ils se mirent en marche pour rejoindre Du Guesclin alors devant La Rochelle. Ils reçurent en passant, le premier septembre, la soumission de Saint-Maixent, dont Alain de Beaumont, un des compagnons d'armes du connétable, fut établi gouverneur. Ce capitaine, créé l'année suivante sénéchal de Poitou, mérita cette distinction par sa valeur et l'activité qu'il déploya dans le poste qui lui avait été confié : on lui doit la prise de Melle, de Lezay, de Chef-Boutonne et de Sainte-Néomaye. Dans les premiers jours de septembre, Du Guesclin occupa Marans, dont la garnison allemande demanda à servir sous ses ordres. La possession de cette place le rendait maître du cours de la Sèvre comme celle de Soubize du cours de la Charente. Le 6 septembre, les trois ducs se trouvaient, avec Du Guesclin, à Bourgneuf dans la banlieue de La Rochelle. Le sénéchal anglais, Jean Devereux, chevalier d'origine normande, était à Niort ; il avait laissé dans le château de La Rochelle une faible garnison de soixante hommes sous le commandement de Philippot Mancel. Les bourgeois de La Rochelle étaient dévoués au roi de France; mais, en habiles trafiquants, ils entendirent tirer de leur soumission le plus large profit possible. Par un adroit stratagème, le maire, Pierre Boudré, aidé d'un ancien maire, Jean Chauderier, et de deux bourgeois dont les noms jusqu'ici inconnus méritent d'être mis en lumière, Bernard Gauthier (1) et Jamet Duchesne, attira la garnison et son capitaine hors de l'enceinte du château. Mancel ne savait point lire: le maire lui présenta de vieilles lettres patentes en vertu desquelles, prétendait-il, il lui était enjoint de faire « la monstre » de ses hommes avant d'être payé de l'arriéré de leur solde. Entièrement rassuré à la vue du sceau royal dont l'authenticité n'était point douteuse, le naïf soldat se hâta d'obéir : il n'avait pas plus tôt franchi les portes du château que « deux cens habitans armés, qui estoient cachés en de vieilles murailles près les portes et pont-levis dudit chasteau, se saisirent aussitost des portes, levèrent sur eulx les ponts pour en fermer l'entrée audit Mancel et ses soldats qui estoient sortis par la fasson que dessus,

---

(1) Arch. nat. JJ. 104, numéro 156, folio 70, et numéro 36, folio 15. Par acte du mois d'avril 1373, Charles V, en récompense des services qu'il avait rendus « à aidier à bouter hors de notre chastel dudit lieu les Anglois », institua Bernard Gauthier, bourgeois de La Rochelle, ouvrier du serment de France à l'hôtel des monnaies nouvellement établi dans cette ville. De même Jamet du Chesne reçut en don une maison dans la rue de la Blatrie, à La Rochelle, « en rémunération de ses services, en pourchaçant à faire venir et retourner de nouvel la ville de La Rochelle en l'obéissance du roy. » (Froissart, idem, t. VIII, XLIV et XLV).

tous lesquels, se voyant surprins et déceus, firent quelque effort
pour rentrer au chasteau ; mais se voyant pressés par les habitans armés, ce fut à eulx de mettre les armes bas et de se rendre
à la mercy des habitans qui les receurent. » (1) Ces faits se passè-
rent probablement avant l'arrivée de Du Guesclin qui avait envoyé
un émissaire, le breton Yvon Le Corric, pour s'assurer des bon-
nes dispositions des Rochelais. Maîtres de leur ville, les bourgeois de La Rochelle rasèrent immédiatement le château, « duquel ils se sentoient infiniment foullés et opprimés.. puis ils
traitèrent de leur soumission en demandant la confirmation de
leurs privilèges et la certitude de ne pas être inquiétés au sujet
de la démolition du château, qui, sous aucun prétexte, ne pourrait être rétabli. Le 8 septembre, Du Guesclin, et les princes qui
l'accompagnaient, firent leur entrée solennelle à La Rochelle; et
ce même jour, Geoffroy de La Roche et Raymond de Mareuil, ses
lieutenants, auxquels un Anglais, Robin Sély, avait livré une
des tours de la ville, s'emparaient d'Angoulême. Avant de quitter
La Rochelle, le duc de Berry, comte de Poitou, recevait la
soumission d'Isabelle d'Avaugour, vicomtesse douairière de
Thouars, qui lui fit hommage de ses châteaux et forteresses dont
la principale était Talmont, pour les terres « soubs son obéissance et subjection et y demourer à tousiours mais (2). »

A trois jours de là, le 11 septembre, le connétable assiégeait
le château de Benon. Là commandait un écuyer d'honneur du
comte de Foix, Guillaume ou Guillonnet Pau et un chevalier na-
politain, messire Jacques. Après trois jours de siège, le château
fut pris d'assaut, le 15 septembre. Du Guesclin fit passer la garnison anglaise au fil de l'épée, pour venger la mort d'un de ses
écuyers, Geoffroy Payen, de Thomas de La Luzerne et de Jean
Boterel, qui la nuit précédente, avaient été égorgés dans leur lit,
soit par un détachement de la garnison de Surgères, soit plus
probablement, pendant une sortie de celle de Benon (3).

Le lendemain de la prise de Benon, le connétable était devant
Surgères. La résistance fut vigoureuse, et Surgères ne capitula
qu'après trois jours de siège (4). La veille de cette capitulation, les
barons poitevins enfermés à Thouars sollicitèrent une trève qui
laissait pressentir leur prochaine soumission. La principale clause
des conventions qui furent arrêtées portait que si, le 30 novembre suivant, jour de la Saint-André, le roi d'Angleterre ou ses
enfants ne se trouvaient pas devant Thouars avec forces suffi-
santes pour obliger d'en lever le siège, les seigneurs poitevins

---

(1) Amos Barbot. *Histoire de La Rochelle*, t. Ier, p. 198.
(2) Arch. nat. JJ, 103, numéro 354, folio 171 verso, et *Arch. du Poitou*, t. XIX,
p. 195 et suiv.
(3) Cabaret d'Orville, *Chronique du bon sire Loys de Bourbon*, p. 91.
(4) Massiou, *Histoire de la Saintonge*, t. III, p. 149, prétend qu'à l'arrivée du
connétable, la garnison de Surgères abandonna cette place et alla s'enfermer dans
le donjon de Broue, affirmation absolument erronée, comme nous le verrons plus
loin.

se mettraient sous l'obéissance du roi de France (1). Dans ce document, comme parties contractantes, figurent les évêques de Luçon et de Maillezais, le vicomte de Thouars, celui de Châtellerault, les sires de Parthenay et de Pouzauges, Renaud et Hugues de Vivone, Jacques de Surgères, Guy et Aimery d'Argenton, Regnaud de Thouars, Guy de La Forêt, le sire d'Aubeterre, Perceval de Cologne, Lestrange de Saint-Gelais, Jehan de Machecoul, Brandelis Contentin, le sire de Nieul, le sire de Gourville, Jehan Marrosone, Jehan Jourdan, Guillaume d'Appelvoisin et Emery Hélies, tant en leur nom qu'en celui de leurs amis et alliés dont ils s'obligeaient de faire connaitre les noms sous un délai de quinzaine.

Le connétable était encore devant Surgères, lorsqu'à la voix de leur maire, Patrice de Cumont, les bourgeois de Saint-Jean d'Angély se soulevèrent et chassèrent la garnison anglo-gasconne qu'avant son départ pour Soubize, le captal de Buch y avait laissée. Les Anglais, bien que démoralisés par la pérte de leur chef et par les rapides succès de leurs adversaires, essayèrent cependant d'opposer quelque résistance, et Patrice de Cumont périt glorieusement dans cet engagement. Le lendemain de la capitulation de Surgères, le 20 septembre 1372, Saint-Jean d'Angély ouvrit ses portes aux frères du roi et à Du Guesclin. Ces faits étaient ignorés de Froissart ; il prétend que Saint-Jean d'Angély capitula « devant une grande route de Bretons et de Poitevins... qui estoient bien cinc cens hommes d'armes. » Cette troupe, commandée par des lieutenants de Duguesclin, aurait « chevauché caudement par devers Saint-Jehan l'Angelier, dont li captaus avoit esté chapitainne, et exploitièrent tant que ils vinrent devant et fisent grant semblant de l'assallir. Cil de Saint-Jehan furent tout esbahis de leur venue : car ils n'avoient nul gentilhomme qui les consillast et si veoient leur chapitainne pris, et la plus grant partie des Englés; et ne leur apparoit confort de nul costé ; si se rendirent et ouvrirent leurs portes aux dessus dis... (2).» Il est à peine nécessaire de faire observer combien d'inexactitudes renferme ce passage de Froissart qui suit immédiatement la relation du combat de Soubize. La prise de Saint-Jean n'eut lieu qu'un mois après cette affaire, et postérieurement à la soumission de La Rochelle. Froissart fait intervenir Regnaud de Pons, le sire de Laval, le vicomte de Rohan, etc.. quand ce fut le connétable en personne, assisté des frères du roi, qui prit possession de cette ville; il parle d'un simulacre d'attaque, alors que les Français, encore devant Surgères à la date du 19 septembre, entraient le 20 à Saint-Jean d'Angély, assez tôt pour que le duc de Berry put y signer des lettres de donation ; il nous dit enfin, qu'immédiatement après celle de Saint-Jean d'Angély, eut lieu

---

(1) Froissart, *Idem*, t. VIII, appendice I.
(2) Froissart. *Idem*, t. VIII, p. 71.

la reddition de Taillebourg, « qui se tourna françoise ossy (1)»,
quand Louis de Parthenay-Larchevêque, son seigneur, avait déjà
depuis longtemps prêté serment au duc de Berry, et recevait, à
Taillebourg même, des lettres du comte du Poitou, à la date du
13 septembre, sept jours par conséquent avant la soumission de
Saint-Jean d'Angély (2). On ne remarque pas seulement dans
Froissart, pour toute cette campagne de 1372, une grande con-
fusion chronologique; on peut aussi y relever de nombreuses
erreurs de fait : ainsi, il ne mentionne pas le siège de Surgères,
et prétend qu'à son arrivée devant cette place, le connétable
trouva le château complètement abandonné. On ne saurait donc,
en ce qui concerne Saint-Jean d'Angély, opposer le témoignage
de Froissart à l'affirmation si précise d'Armand Maichin, dans son
Histoire de Saintonge (3); cette affirmation, il est vrai nous est
donnée sous sa seule autorité ; mais jusqu'à preuve contraire,
nous sommes en droit d'en maintenir l'exactitude (4).

Le 24 septembre, les princes et le connétable entraient dans
la ville de Saintes. Là, comme à Saint-Jean d'Angély, les bourgeois étaient hostiles à la cause anglaise.. Le sénéchal de Saintonge, Guillaume Faringdon, s'était cependant mis en devoir de
faire une courageuse résistance; il aurait même, d'après Frois-

---

(1) Froissart. *Idem*, t. viii, p. 72.

(2) Arch. nat. KK, 251, folio 128, verso.

(3) A. Maichin, *Histoire de Saintonge*, p. 130-131.

(4) Nous avions espéré trouver aux archives nationales quelques pièces qui
seraient venues corroborer l'assertion de notre historien saintongeois ; toutes nos
recherches ont été vaines. Un des plus notables habitants de Saint-Jean d'Angély,
maire en 1379 et en 1383, Jean de Saumur, se rendit bien au camp du connétable,
devant Surgères, et reçut « en récompense de ses services » les revenus du minage
de Saint-Jean d'Angély, confisqué sur Guichard d'Angles et Florimond de Lespare (Arch. nat., JJ, 104, n° 46, f° 20); mais dans ce document, publié par M. Paul
Guérin (*Arch. du Poitou*, t. XIX, p. 172), le quantième n'est pas indiqué: « donné,
y est-il dit, en nostre ost devant Surgières, l'an 1372, au mois de septembre ». Nous
savons, par l'itinéraire du duc de Bourgogne, dressé à l'aide des comptes de son
hôtel, par M. Ernest Petit (*Campagnes de Philippe le Hardi*, p. 10) que le duc, son
frère, et le connétable qui dirigeait les opérations, restèrent devant Surgères les
16, 17, 18 et 19 septembre ; c'est donc un de ces quatre jours que se présenta Jean
de Saumur, et selon toute probabilité, bien que le texte ne porte que la formule
ordinaire, « pour considération des bons et agréables services... que Jehan de Saumur nous a faits au temps passé, fait de jour en jour, et espérons qu'il fera en
temps à venir... » la visite de Jean de Saumur au camp du connétable avait pour
objet de l'informer des dispositions des habitants de Saint-Jean d'Angély. Il est
cependant étonnant que parmi les nombreuses lettres de donation accordées, en
ce temps là, à tous ceux qui avaient favorisé la cause française, aucune ne l'ait été
aux membres de la famille de Patrice de Cumont. Ce maire avait épousé Jacquette de
La Personne, de la famille du vicomte d'Aunay, l'un des plus fermes champions
du parti français. Par sa mère, Catherine de Cumont, l'historien Maichin le comp-
tait au nombre de ses ancêtres ; il a donc pu se faire l'écho d'une tradition fidè-
lement conservée dans sa famille (Cf. Maichin. *Histoire de la Saintonge*, p. 130-
131, et *Coutume de Saintonge*, préface; Massiou, *Histoire de Saintonge et d'Aunis*, t. III, p. 134; Delayant, *Histoire de la Charente-Inférieure*, p. 139; H. d'Aussy,
Chroniques saintongeaises et aunisiennes, p 53 ; Guillonnet-Merville, *Recherches
topographiques et historiques sur Saint-Jean d'Angély*, p. 279; Saudeau, *Saint-
Jean d'Angély d'après les archives de l'échevinage*, p. 69).

sart, soutenu l'attaque une journée tout entière ; mais, en se reti-
rant, les assiégeants avaient proféré des menaces de pillage qui
ne demeurèrent point sans écho. Dans un conseil tenu chez l'évêque, Bernard du Sault, les bourgeois résolurent d'exiger du gouverneur la capitulation de la place. Pendant la nuit, ils se saisirent de Faringdon et de huit de ses écuyers ; et, sous menace de
mort, ils le contraignirent à cesser toute résistance. Faringdon
y consentit à la condition que son nom ne figurerait pas dans
l'acte de capitulation. Les trois villes de La Rochelle, Saint-Jean
d'Angély et Saintes, redevenues françaises, assuraient l'entière
soumission de l'Aunis et de la Saintonge. Après une halte devant Cognac, le 26 septembre, Du Guesclin se dirigea vers le Bas-
Poitou, où Niort et Fontenay-le-Comte étaient encore occupés
par de fortes garnisons anglaises. En passant à Aunay, le 2 octobre, le duc de Bourgogne reçut la soumission de cette ville ;
mais jugeant Niort trop bien défendu, le connétable ne crut pas
prudent d'en commencer le siège. Cette résolution était d'autant
plus sage que le capitaine anglais, Gauthier Spridlington, sortit
de la ville à la tête de trois mille hommes, poursuivit les Français et leur offrit le combat, « entre marés, en lieu fort » dit Cabaret d'Orville, « et demourèrent un jour et une nuit François et
Anglois, les ungs devant les autres... » (1) Du Guesclin ne voulut
pas exposer les résultats de la campagne aux chances d'une ren-
contre, et continua sa marche sur Fontenay. Le 9 octobre, il était
devant cette ville ; les habitants ouvrirent immédiatement leurs
portes ; le château fut pris le lendemain ; la défense ne fut donc
pas, à beaucoup près, aussi sérieuse que le prétend Froissart
lorsqu'il dit, pour rehausser encore davantage l'héroïsme de la
noble dame à laquelle obéissaient les assiégés: « Y eut là devant
Fontenay plusieurs assaus... escarmuces et grans apertises d'armes et moult gens blechiés... » (2).

Les derniers jours d'octobre ne donnèrent lieu à aucune opé-
ration importante ; le 16, Mortagne fut investi ; mais sa défense
devait se prolonger encore plus d'une année. Le terme fixé pour
la reddition de Thouars approchait ; les barons poitevins n'étaient
pas d'accord pour exécuter les conditions du traité de Surgères.
Tandis que le seigneur de Parthenay se prononçait pour la résistance, celui de Tonnay-Boutonne se considérait comme engagé
d'honneur vis à vis des Français ; ce dernier sentiment prévalut ;
la garnison de Niort, qui offrait de marcher au secours de Thouars,
fut avertie de la décision prise ; elle ne fit aucune démonstration,
et le 30 novembre, jour de la Saint-André, le connétable, les ducs
de Berry, de Bourgogne et de Bourbon, accompagnés du duc de
Lorraine, des comtes d'Alençon, de la Marche et du Perche, du

---

(1) *Chronique du bon duc Loys de Bourbon*, édition Chazaud, p. 36 et 37.

(2) Froissart, *Idem*, t. VIII, p 88. — L'héroïne dont parle Froissart était
Catherine Le Sénéchal ou Sénécal, seconde femme de Jean Harpedanne.
(Froissart, t. VIII, p. XLIX).

vicomte de Rohan et d'un grand nombre d'autres seigneurs qui,
deux jours auparavant, à Saumur, avaient réuni toutes les forces dont ils disposaient, se présentèrent devant Thouars. Après
quelques pourparlers, la ville fut définitivement remise, et les
Français y entrèrent, le premier décembre. Ce même jour, les
chefs de l'armée française signèrent avec les prélats, gens d'église,
barons et seigneurs poitevins, un traité emportant leur pleine et
entière soumission au roi de France (1). Ils prêtèrent en outre
un serment solennel de fidélité à leur nouveau suzerain dans
l'église des frères mineurs de Loudun. Charles V réunit à perpé-
tuité les comtés de Saintonge et d'Angoulême à la couronne de
France, et concéda le Poitou, à titre d'apanage, à son frère le
duc de Berry. Les provinces conquises étaient rétablies dans les
privilèges et franchises dont elles jouissaient au temps du roi
saint Louis et de son frère le comte de Poitiers ; les biens con-
fisqués étaient rendus à leurs anciens possesseurs, et une amnis-
tie pleine et entière accordée à tous les habitans de quelque condition qu'ils fussent (2).

À la fin de cette campagne, les Anglais n'occupaient donc dans
le Poitou et la Saintonge que les seules villes de Niort et de Cognac et quelques forteresses, Lusignan, Gençay, Mortagne, La
Roche-sur-Yon, Mortemer, Château-Larcher et Merpins ; c'est à
tort que Froissart mentionne aussi la tour de Broue ; nous avons
vu, qu'antérieurement au combat de Soubize, au mois d'août
1372, elle était déjà tombée aux mains des Français (3).

Le 17 février 1373, Du Guesclin était à Poitiers tout prêt à commencer une nouvelle campagne. Il concentra toutes les
garnisons qui occupaient les châteaux et les églises qu'elles
avaient fortifiés pour résister aux incursions des Anglais, et à
la tête de son petit corps d'armée, il se présenta devant Chizé où
commandaient Robert Morton et Martin Scott, tandis que le sénéchal du Poitou, Alain de Beaumont, le vicomte d'Aunay, Jean
de La Personne, et Aimery de Rochechouart investissaient, à la
date du 5 mars, les châteaux de Lusignan et de Gençay. Jean
Devereux, David Holgrave, Richard Holme et le baron d'Argenton, un des rares Poitevins qui servaient encore sous la bannière d'Angleterre, se mirent à la tête de la garnison de Niort ;
mais peu sûrs des contingents poitevins et bretons qu'ils traî-
naient avec eux, ils les lancèrent les premiers sur les retranche-
ments du connétable ; ces soldats ne résistèrent pas longtemps
aux adjurations de leurs compatriotes qui leur criaient : « Vous
estes bien meschantes gens qui vous volez faire occire et déco-

---

(1) Le texte de ce traité a été pour la première fois intégralement publié par
M. Paul Guérin dans le XIXᵉ volume des *Archives du Poitou*.

(2) Arch. nat., mémorial D de la chambre des comptes, fᵒ 133.

(3) Le 20 mai 1373, Broue était occupée pour le roi de France par Owen de
Galles (Arch. nat. KK., 251, fᵒ 95 vᵒ).

per pour ces Englés qui vous ont tant de maux faits » (1). Dès
qu'il les voit ébranlés, Du Guesclin va audevant d'eux. Bretons
et Poitevins se mêlent à ses troupes et tous ensemble tombent
sur les Anglais ; ceux-ci se défendirent vaillamment : « Ensi se
commença la bataille dessous Chisech... et tout à piet, qui fut
grande et drue et bien maintenue. » La victoire du connétable
fut complète: tous les chefs anglais furent tués ou faits prisonn-
niers. Le même jour où eut lieu ce combat, le 21 mars 1373,
Chizé fut livré; et le 27 du même mois, Niort ouvrit ses portes à
Du Guesclin (2). Ce ne fut pas sans lutte cependant, puisqu'un
écuyer breton, l'un des meilleurs lieutenants du connétable, Jean
de Kerlouet, périt en cette occasion. D'après un chroniqueur,
Du Guesclin aurait fait revêtir à ses soldats les cotes d'armes des
Anglais tués ou pris à Chizé, et aurait pénétré dans la ville à
l'aide de ce stratagème (3).

Le combat de Chizé et la prise de Niort portèrent le dernier
coup à la domination anglaise en Poitou. Au mois d'avril,
quelques jours parconséquent avant la prise de Niort, Olivier
de Clisson fut chargé de s'emparer de La Roche-sur-Yon qui,
dès le début de la guerre, avait été livré, par trahison, aux Anglais. La place était forte et bien pourvue de vivres, au mois
d'août elle résistait encore. Les assiégés, pour ne pas prolonger
indéfiniment une défense inutile, proposèrent de capituler, à la
condition que le sénéchal, Jean Devereux, prisonnier de Du Guesclin, serait remis en liberté. Par un accord daté de la bastide
devant Mortagne, du 19 août 1373, les seigneurs poitevins, plus
particulièrement intéressés à l'expulsion de la garnison anglaise,
s'engagèrent à payer au connétable, pour la rançon de son prisonnier, une somme de dix mille livres (4). Il est à croire que des
captifs d'un rang inférieur durent aussi leurs libertés aux mêmes
conditions (5).

Le « biau chastel de Lusignan » ne fut pas pris sans coup
férir, comme l'avance à tort Froissart. Nous avons vu que, dès
le 5 mars, il avait été investi par Alain de Beaumont et d'autres
lieutenants du connétable; Jean Cressewell et Geoffroy de Saint-
Quentin défendaient ce château qui, par sa situation, commandait la route de Poitiers à Niort et à Saint-Maixent. Cette forteresse était réputée imprenable ; après s'être assez facilement
rendus maîtres de la ville, les assiégeants se décidèrent à un

---

(1) Froissart fait figurer au nombre des combattants de Chizé les garnisons anglaises de Lusignan et de Gençay; mais ces deux places ayant été investies dès le
5 mars, il n'est guère admissible qu'elles aient pris part à ce combat.

(2) En souvenir de cet événement, fut bâtie la chapelle de N.-D.-de-la-Recou-
vrance, où l'on se rendait processionnellement le 27 mars, jour anniversaire de
la prise de la ville (Froissart, t. VIII, p. LXIII).

(3) *Chronique rimée de B. du Guesclin*, II, vers 22,486-22,504.

(4) Voir pièces extraites de la collection de dom Fonteneau, publiées par M. Le-
dain dans les *Archives historiques du Poitou*, 1877, t. VIII, p. 413-427.

(5) *Archives historiques du Poitou*, t. XIX, introduction, p. XLVII.

blocus et construisirent des bastilles, qui avancèrent lente-
ment. Neuf ou dix mois après l'investissement, les deux capitaines qui commandaient à Lusignan recevaient, pendant une
trève, un subside de 6,000 florins; et, au mois de juin 1374, le
sénéchal d'Aquitaine et le maire de Bordeaux faisaient entrer
dans la place des munitions, des arcs, des cordes et des flè-
ches; mais le mois précédent, Cressewell, dans une sortie, était
tombé entre les mains des Français. Cet événement hâta la capitulation, d'après Thomas Walsingham (1), par la mise en
liberté de Thomas de Percy, ancien sénéchal du Poitou, fait
prisonnier à l'affaire de Soubize. Ainsi fut livré, après un
siège de plus d'une année, ce redoutable château, défendu,
d'après la croyance populaire, par les enchantements de la fée
Mélusine, et pour la reddition duquel le duc de Berry faisait
un vœu à Saint-Germain d'Auxerre (2).

Restait Gençay, « chastel de grant et somptueux édifice »,
dont on admire encore les belles ruines, et que nous décrit un
acte du XVe siècle, conservé dans le chartrier de Thouars : il
était « fort et de grant deffence, basty en triangle et à chascun
des trois coings une grosse tour, ayant en chescune d'icelle
troys voltes de pierre, et ung viz en chescune d'icelle. Aussy
est audevant dudit chastel le pont-leviz, la poterne et ung por-
tal garny de deux tours.... » Il appartenait à l'Anglais Adam
Chel, dit le sire d'Agorisses, qui le tenait d'une Saintongeoise,
Radegonde Béchet, fille du seigneur de Landes, près Saint-
Jean d'Angély, veuve en premier mariage et héritière de Guy,
Sénéchal, seigneur de Mortemer et de Gençay. Chel n'avait rien
négligé pour assurer la défense de cette forteresse; outre l'inté-
rêt personnel qu'il avait à la conserver, elle assurait les com-
munications entre Poitiers, Civray, Ruffec, Angoulême et Bordeaux. Gençay fut investi en même temps que Lusignan; mais
Adam Chel ne capitula qu'au mois de mai de l'année 1375, sous
la condition expresse que tous les biens et revenus dont sa
femme et lui jouissaient au temps où le pays était sous l'obéissance du prince de Galles lui seraient expressément conservés.
Ce fut Du Guesclin en personne qui accepta cette capitulation :
il avait, quelques jours auparavant, pris d'assaut Montreuil-
Bonnin, dont la garnison de Gençay s'était emparée au mois de
janvier précédent. Ce dernier fait d'armes signala l'expulsion
définitive des Anglais du Poitou ; il fut suivi, au mois de juin
1375, de la prise de Cognac; et cette campagne de trois années
dans laquelle se révélèrent le génie militaire et la prodigieuse
activité du grand connétable, se termina par une trève qui se
prolongea jusqu'à la mort du roi d'Angleterre.

(1) *Historia anglica*, page 317.
(2) Froissart, tome VIII, page LXIV.

La Rochelle, Imprimerie Noël Texier.

www.ingramcontent.com/pod-product-compliance
Lightning Source LLC
LaVergne TN
LVHW010136060726
842524LV00005B/1966